*Das 11. Geschichtsbuch
aus dem Alten Testament der Bibel*

Das Buch Nehemia

Von der Verwendung Gottes des Nehemia
zur Rettung Jerusalems, dem Abfall vom
Glauben und dessen Wiederherstellung

Übersetzung nach
Martin Luther 1545

Bibliografische Information der Deutschen Nationalbibliothek:
Die Deutsche Nationalbibliothek verzeichnet diese Publikation in der Deutschen Nationalbibliografie; detaillierte bibliografische Daten sind im Internet über http://dnb.dnb.de abrufbar.

TWENTYSIX – Der Self-Publishing-Verlag

Eine Marke der Books on Demand GmbH

Herstellung und Verlag:
BoD – Books on Demand, Norderstedt

ISBN: 978-3-740-78017-3

Übersetzung: **Martin Luther 1545**

Layout, Schriftsatz, Formatierung:
Antonia Katharina Tessnow
www.antonia-katharina.de

1. Kapitel

Nehemias Gebet
für sein unglückliches Vaterland.

1 Dies sind die Geschichten Nehemias, des Sohnes Hachaljas. Es geschah im Monat Chislev des zwanzigsten Jahres, da ich war zu Susan auf dem Schloß,

2 da kam Hanani, einer meiner Brüder, mit etlichen Männern aus Juda. Und ich fragte sie, wie es den Juden ginge, die errettet und übrig waren von der Gefangenschaft, und wie es zu Jerusalem ginge.

3 Und sie sprachen zu mir: Die übrigen von der Gefangenschaft sind daselbst im Lande in großem Unglück und Schmach; die Mauern Jerusalems sind zerbrochen und seine Tore mit Feuer verbrannt.

4 Da ich aber solche Worte hörte, saß ich und weinte und trug Leid etliche Tage und fastete und betete vor dem Gott des Himmels

5 und sprach: Ach HERR, Gott des

Himmels, großer und schrecklicher Gott, der da hält den Bund und die Barmherzigkeit denen, die ihn lieben und seine Gebote halten,

6 laß doch deine Ohren aufmerken und deine Augen offen sein, daß du hörst das Gebet deines Knechtes, das ich nun vor dir bete Tag und Nacht für die Kinder Israel, deine Knechte, und bekenne die Sünden der Kinder Israel, die wir an dir getan haben; und ich und meines Vaters Haus haben auch gesündigt.

7 Wir haben an dir mißgehandelt, daß wir nicht gehalten haben die Gebote, Befehle und Rechte, die du geboten hast deinem Knecht Mose.

8 Gedenke aber doch des Wortes, das du deinem Knecht Mose gebotest und sprachst: Wenn ihr euch versündigt, so will ich euch unter die Völker streuen.

9 Wo ihr euch aber bekehrt zu mir und haltet meine Gebote und tut sie, und ob ihr verstoßen wäret bis an der Himmel Ende, so will ich euch doch von da versammeln und will euch bringen an den Ort, den ich erwählt habe, daß mein Name daselbst wohne.

10 Sie sind ja doch deine Knechte und dein Volk, die du erlöst hast durch deine große Kraft und mächtige Hand.

11 Ach HERR, laß deine Ohren aufmerken auf das Gebet deines Knechtes und auf das Gebet deiner Knechte, die da begehren deinen Namen zu fürchten; und laß es deinem Knecht heute gelingen und gib ihm Barmherzigkeit vor diesem Manne! Denn ich war des Königs Schenke.

2. Kapitel

Nehemia erlangt Gewalt und Briefe, Jerusalem zu bauen.

1 Im Monat Nisan des zwanzigsten Jahre des Königs Arthahsastha, da Wein vor ihm stand, hob ich den Wein auf und gab dem König; und ich sah traurig vor ihm.

2 Da sprach der König zu mir: Warum siehst du so übel? Du bist ja nicht krank? Das ist's nicht, sondern du bist schwermütig. Ich aber fürchtete mich gar sehr

3 und sprach zu dem König: Der König lebe ewiglich! Sollte ich nicht übel sehen? Die Stadt, da das Begräbnis meiner Väter ist, liegt wüst, und ihre Tore sind mit Feuer verzehrt.

4 Da sprach der König: Was forderst du denn? da betete ich zu dem Gott des Himmels

5 und sprach zum König: Gefällt es dem König und ist dein Knecht angenehm vor dir, so wollest du mich senden nach Juda zu der Stadt des Begräbnisses meiner Väter, daß ich sie baue.

6 Und der König sprach zu mir und die Königin, die neben ihm saß: Wie lange wird deine Reise währen, und wann wirst du wiederkommen? Und es gefiel dem König, daß er mich hinsendete. Und ich setzte ihm eine bestimmte Zeit

7 und sprach zum König: Gefällt es dem König, so gebe man mir Briefe an die Landpfleger jenseit des Wassers, daß sie mich hinübergeleiten, bis ich komme nach Juda,

8 und Briefe an Asaph den Holzfürsten des Königs, daß er mir Holz gebe zu Balken der Pforten an der Burg beim

Tempel und zu der Stadtmauer und zum Hause, da ich einziehen soll. Und der König gab mir nach der guten Hand meines Gottes über mir.

9 Und da ich kam zu den Landpflegern jenseit des Wassers, gab ich ihnen des Königs Briefe. Und der König sandte mit mir Hauptleute und Reiter.

10 Da aber das hörten Saneballat, der Horoniter, und Tobia, der ammonitische Knecht, verdroß es sie sehr, daß ein Mensch gekommen wäre, der Gutes suchte für die Kinder Israel.

11 Und da ich gen Jerusalem kam und drei Tage da gewesen war,

12 machte ich mich des Nachts auf und wenig Männer mit mir (denn ich sagte keinem Menschen, was mir mein Gott eingegeben hatte zu tun an Jerusalem), und war kein Tier mit mir, ohne das, darauf ich ritt.

13 Und ich ritt zum Taltor aus bei der Nacht und gegen den Drachenbrunnen und an das Misttor; und es tat mir wehe, daß die Mauern Jerusalems eingerissen waren und die Tore mit Feuer verzehrt.

14 Und ging hinüber zu dem Brunnentor

und zu des Königs Teich; und war da nicht Raum meinem Tier, daß es unter mir hätte gehen können.

15 Da zog ich bei Nacht den Bach hinan; und es tat mir wehe, die Mauern also zu sehen. Und kehrte um und kam zum Taltor wieder heim.

16 Und die Obersten wußten nicht, wo ich hinging oder was ich machte; denn ich hatte bis daher den Juden und den Priestern, den Ratsherren und den Obersten und den andern, die am Werk arbeiteten, nichts gesagt.

17 Und ich sprach zu ihnen: Ihr seht das Unglück, darin wir sind, daß Jerusalem wüst liegt und seine Tore sind mit Feuer verbrannt. Kommt, laßt uns die Mauern Jerusalems bauen, daß wir nicht mehr eine Schmach seien!

18 Und sagte ihnen an die Hand meines Gottes, die gut über mir war, dazu die Worte des Königs, die er zu mir geredet hatte. Und sie sprachen: So laßt uns auf sein und bauen! Und ihre Hände wurden gestärkt zum Guten.

19 Da aber das Saneballat, der Horoniter und Tobia, der ammonitische Knecht, und

Gesem, der Araber, hörten, spotteten sie unser und verachteten uns und sprachen: Was ist das, das ihr tut? Wollt ihr von dem König abfallen?

20 Da antwortete ich ihnen und sprach: Der Gott des Himmels wird es uns gelingen lassen; denn wir, seine Knechte, haben uns aufgemacht und bauen. Ihr aber habt kein Teil noch Recht noch Gedächtnis in Jerusalem.

3. Kapitel

Beschreibung des Baues
der Stadtmauer von Jerusalem.

1 Und Eljasib, der Hohepriester, machte sich auf mit seinen Brüdern, den Priestern, und bauten das Schaftor. Sie heiligten es und setzten seine Türen ein. Sie heiligten es aber bis an den Turm Mea, bis an den Turm Hananeel.

2 Neben ihm bauten die Männer von Jericho. Und daneben baute Sakkur, der Sohn Imris.

3 Aber das Fischtor bauten die Kinder

von Senaa, sie deckten es und setzten seine Türen ein, Schlösser und Riegel.

4 Neben ihnen baute Meremoth, der Sohn Urias, des Sohnes Hakkoz. Neben ihnen baute Mesullam, der Sohn Berechjas, des Sohnes Mesesabeels. Neben ihnen baute Zadok, der Sohn Baanas.

5 Neben ihnen bauten die von Thekoa; aber ihre Vornehmeren brachten ihren Hals nicht zum Dienst ihrer Herren.

6 Das alte Tor baute Jojada, der Sohn Paseahs, und Mesullam, der Sohn Besodjas; sie deckten es und setzten ein seine Türen und Schlösser und Riegel.

7 Neben ihnen bauten Melatja von Gibeon und Jadon von Meronoth, die Männer von Gibeon und von Mizpa, am Stuhl des Landpflegers diesseit des Wassers.

8 Daneben baute Usiel, der Sohn des Harhajas, der Goldschmied. Neben ihm baute Hananja, der Sohn der Salbenbereiter; und sie bauten aus zu Jerusalem bis an die breite Mauer.

9 Neben ihm baute Rephaja, der Sohn Hurs, der Oberste des halben Kreises von

Jerusalem.

10 Neben ihm baute Jedaja, der Sohn Harumaphs, gegenüber seinem Hause. Neben ihm baute Hattus, der Sohn Hasabnejas.

11 Aber Malchia, der Sohn Harims, und Hassub, der Sohn Pahath-Moabs, bauten ein andres Stück und den Ofenturm.

12 Daneben baute Sallum, der Sohn des Halohes, der Oberste des andern halben Kreises von Jerusalem, er und seine Töchter.

13 Das Taltor bauten Hanun und die Bürger von Sanoah, sie bauten's und setzten ein seine Türen, Schlösser und Riegel, und tausend Ellen an der Mauer bis an das Misttor.

14 Das Misttor aber baute Malchia, der Sohn Rechabs, der Oberste des Kreises von Beth-Cherem; er baute es und setzte ein seine Türen, Schlösser und Riegel.

15 Aber das Brunnentor baute Sallun, der Sohn Chol-Hoses, der Oberste des Kreises von Mizpa, er baute es und deckte es und setzte ein seine Türen, Schlösser und Riegel, dazu die Mauer am Teich Siloah bei dem Garten des Königs

bis an die Stufen, die von der Stadt Davids herabgehen.

16 Nach ihm baute Nehemia, der Sohn Asbuks, der Oberste des halben Kreises von Beth-Zur, bis gegenüber den Gräbern Davids und bis an den Teich, den man gemacht hatte, und bis an das Haus der Helden.

17 Nach ihm bauten die Leviten, Rehum, der Sohn Banis. Neben ihm baute Hasabja, der Oberste des halben Kreises von Kegila, für seinen Kreis.

18 Nach ihm bauten ihre Brüder, Bavvai, der Sohn Henadads, der Oberste des andern halben Kreises von Kegila.

19 Neben ihm baute Eser, der Sohn Jesuas, der Oberste zu Mizpa, ein anderes Stück den Winkel hinan gegenüber dem Zeughaus.

20 Nach ihm auf dem Berge baute Baruch, der Sohn Sabbais, ein anderes Stück vom Winkel bis an die Haustür Eljasibs, des Hohenpriesters.

21 Nach ihm baute Meremoth, der Sohn Urias, des Sohnes Hakkoz, ein anderes Stück von der Haustür Eljasibs, bis an das Ende des Hauses Eljasibs,

22 Nach ihm bauten die Priester, die Männer aus der Gegend.

23 Nach dem baute Benjamin und Hassub gegenüber ihrem Hause. Nach dem baute Asarja, der Sohn Maasejas, des Sohnes Ananjas, neben seinem Hause.

24 Nach ihm baute Binnui, der Sohn Henadads, ein anderes Stück vom Hause Asarjas bis an den Winkel und bis an die Ecke.

25 Palal, der Sohn Usais, gegenüber dem Winkel und den Oberen Turm, der vom Königshause heraussieht bei dem Kerkerhofe. Nach ihm Pedaja, der Sohn Pareos.

26 Die Tempelknechte aber wohnten am Ophel bis an das Wassertor gegen Morgen, da der Turm heraussieht.

27 Nach dem bauten die von Thekoa ein anderes Stück gegenüber dem großen Turm, der heraussieht, und bis an die Mauer des Ophel.

28 Aber vom Roßtor an bauten die Priester, ein jeglicher gegenüber seinem Hause.

29 Nach dem baute Zadok, der Sohn

Immers, gegenüber seinem Hause. Nach ihm baute Semaja, der Sohn Sechanjas, der Hüter des Tores gegen Morgen.

30 Nach ihm baute Hananja, der Sohn Selemjas, und Hanun, der Sohn Zalaphs, der sechste, ein anderes Stück. Nach ihm baute Mesullam, der Sohn Berechjas, gegenüber seiner Kammer.

31 Nach ihm baute Malchia, der Sohn des Goldschmieds, bis an das Haus der Tempelknechte und der Krämer, gegenüber dem Ratstor und bis an den Söller an der Ecke.

32 Und zwischen dem Söller und dem Schaftor bauten die Goldschmiede und die Krämer.

4. Kapitel

Der Bau geht ungeachtet des Spottes und des Widerstandes fort.

1 Da aber Saneballat hörte, daß wir die Mauer bauten, ward er zornig und sehr entrüstet und spottete der Juden

2 und sprach vor seinen Brüdern und

den Mächtigen zu Samaria: Was machen die ohnmächtigen Juden? Wird man sie so lassen? Werden sie opfern? Werden sie es diesen Tag vollenden? Werden sie die Steine lebendig machen, die Schutthaufen und verbrannt sind?

3 Aber Tobia, der Ammoniter, neben ihm sprach: Laß sie nur bauen; wenn Füchse hinaufzögen, die zerrissen wohl ihre steinerne Mauer.

4 Höre, unser Gott, wie verachtet sind wir! Kehre ihren Hohn auf ihren Kopf, daß du sie gibst in Verachtung im Lande ihrer Gefangenschaft.

5 Decke ihre Missetat nicht zu, und ihre Sünde vertilge nicht vor dir; denn sie haben vor den Bauleuten dich erzürnt.

6 Aber wir bauten die Mauer und fügten sie ganz aneinander bis an die halbe Höhe. Und das Volk gewann ein Herz zu arbeiten.

7 Da aber Saneballat und Tobia und die Araber und Ammoniter und Asdoditer hörten, daß die Mauern zu Jerusalem zugemacht wurden und daß sie die Lücken hatten angefangen zu verschließen, wurden sie sehr zornig

8 und machten allesamt einen Bund zuhaufen, daß sie kämen und stritten wider Jerusalem und richteten darin Verwirrung an.

9 Wir aber beteten zu unserm Gott und stellten Hut gegen sie Tag und Nacht vor ihnen.

10 Und Juda sprach: Die Kraft der Träger ist zu schwach, und des Schuttes ist zu viel; wir können nicht an der Mauer bauen.

11 Unsre Widersacher aber gedachten: Sie sollen's nicht wissen noch sehen, bis wir mitten unter sie kommen und sie erwürgen und das Werk hindern.

12 Da aber die Juden, die neben ihnen wohnten, kamen, und sagten's uns wohl zehnmal, aus allen Orten, da sie um uns wohnten,

13 da stellte ich unten an die Orte hinter der Mauer in die Gräben das Volk nach ihren Geschlechtern mit ihren Schwertern, Spießen und Bogen.

14 Und ich besah es und machte mich auf und sprach zu den Ratsherren und Obersten und dem andern Volk: Fürchtet euch nicht vor ihnen; gedenkt an den

großen, schrecklichen HERRN und streitet für eure Brüder, Söhne, Töchter, Weiber und Häuser!

15 Da aber unsre Feinde hörten, daß es uns kund war geworden und Gott ihren Rat zunichte gemacht hatte, kehrten wir alle wieder zur Mauer, ein jeglicher zu seiner Arbeit.

16 Und es geschah von hier an, daß der Jünglinge die Hälfte taten die Arbeit, die andere Hälfte hielten die Spieße, Schilde, Bogen und Panzer. Und die Obersten standen hinter dem ganzen Hause Juda,

17 die da bauten an der Mauer. Und die da Last trugen von denen, die ihnen aufluden, mit einer Hand taten sie die Arbeit, und mit der andern hielten sie die Waffe.

18 Und ein jeglicher, der da baute, hatte sein Schwert an seine Lenden gegürtet und baute also; und der mit der Posaune blies, war neben mir.

19 Und ich sprach zu den Ratsherren und Obersten und zum andern Volk: Das Werk ist groß und weit, und wir sind zerstreut auf der Mauer, ferne voneinander.

20 An welchem Ort ihr nun die Posaune tönen hört, dahin versammelt euch zu uns. Unser Gott wird für uns streiten.

21 So arbeiteten wir am Werk, und ihre Hälfte hielt die Spieße von dem Aufgang der Morgenröte, bis die Sterne hervorkamen.

22 Auch sprach ich zu der Zeit zum Volk: Ein jeglicher bleibe mit seinen Leuten über Nacht zu Jerusalem, daß sie uns des Nachts der Hut und des Tages der Arbeit warten.

23 Aber ich und meine Brüder und meine Leute und die Männer an der Hut hinter mir, wir zogen unsere Kleider nicht aus; ein jeglicher ließ das Baden anstehen.

5. Kapitel

Nehemia tut die Beschwerden der Armen ab. Seine Uneigennützigkeit als Stadthalter.

1 Und es erhob sich ein großes Geschrei des Volkes und ihrer Weiber wider ihre Brüder, die Juden.

2 Und waren etliche, die da sprachen: Unserer Söhne und Töchter sind viel; laßt uns Getreide nehmen und essen, daß wir leben.

3 Aber etliche sprachen: Laßt uns unsre Äcker, Weinberge und Häuser versetzen und Getreide nehmen in der Teuerung.

4 Etliche aber sprachen: Wir habe Geld entlehnt zum Schoß für den König auf unsre Äcker und Weinberge;

5 nun ist doch wie unsrer Brüder Leib auch unser Leib und wie ihre Kinder unsre Kinder, und siehe, wir müssen unsre Söhne und Töchter unterwerfen dem Dienst, und sind schon unsrer Töchter etliche unterworfen, und ist kein Vermögen in unsern Händen, und unsre Äcker und Weinberge sind der andern geworden.

6 Da ich aber ihr Schreien und solche Worte hörte, ward ich sehr zornig.

7 Und mein Herz ward Rats mit mir, daß ich schalt die Ratsherren und die Obersten und sprach zu ihnen: Wollt ihr einer auf den andern Wucher treiben? Und ich brachte die Gemeinde wider sie zusammen

8 und sprach zu ihnen: Wir haben unsre Brüder, die Juden, erkauft die den Heiden verkauft waren, nach unserm Vermögen; und ihr wollt auch eure Brüder verkaufen und sie sollen uns verkauft werden? Da schwiegen sie und fanden nichts zu antworten.

9 Und ich sprach: Es ist nicht gut, was ihr tut. Solltet ihr nicht in der Furcht Gottes wandeln um des Hohnes willen der Heiden, unsrer Feinde?

10 Ich und meine Brüder und meine Leute haben ihnen auch Geld geliehen und Getreide; laßt uns doch diese Schuld erlassen.

11 So gebt ihnen nun heute wieder ihre Äcker, Weinberge, Ölgärten und Häuser und den Hundertsten am Geld, am Getreide, am Most und am Öl, den ihr von ihnen zu fordern habt.

12 Da sprachen sie: Wir wollens wiedergeben und wollen nichts von ihnen fordern und wollen tun wie du gesagt hast. Und ich rief die Priester und nahm einen Eid von ihnen, daß sie also tun sollten.

13 Auch schüttelte ich meinen Busen aus

und sprach: Also schüttle Gott aus jedermann von seinem Hause und von seiner Arbeit, der dies Wort nicht handhabt, daß er sei ausgeschüttelt und leer. Und die ganze Gemeinde sprach: Amen! und lobte den HERRN. Und das Volk tat also.

14 Auch von der Zeit an, da mir befohlen ward, ihr Landpfleger zu sein im Lande Juda, nämlich vom zwanzigsten Jahr an bis in das zweiunddreißigste Jahr des Königs Arthahsastha, das sind zwölf Jahre, nährte ich mich und meine Brüder nicht von der Landpfleger Kost.

15 Denn die vorigen Landpfleger, die vor mir gewesen waren, hatten das Volk beschwert und hatten von ihnen genommen Brot und Wein, dazu auch vierzig Silberlinge; auch waren die Leute mit Gewalt gefahren über das Volk. Ich tat aber nicht also um der Furcht Gottes willen.

16 Auch arbeitete ich an der Mauer Arbeit und kaufte keinen Acker; und alle meine Leute mußten daselbst an die Arbeit zuhauf kommen.

17 Dazu waren die Juden und Obersten

hundertundfünfzig an meinem Tisch und die zu uns kamen aus den Heiden, die um uns her sind.

18 Und man gebrauchte für mich des Tages einen Ochsen und sechs erwählte Schafe und Vögel und je innerhalb zehn Tagen allerlei Wein die Menge. Dennoch forderte ich nicht der Landpfleger Kost; denn der Dienst war schwer auf dem Volk.

19 Gedenke mir, mein Gott, zum Besten alles, was ich diesem Volk getan habe!

6. Kapitel

Nehemia weicht den Nachstellungen seiner Feinde aus und vollendet die Stadtmauer.

1 Und da Saneballat, Tobia und Gesem, der Araber, und unsre Feinde erfuhren, daß ich die Mauer gebaut hatte und keine Lücke mehr daran wäre, wiewohl ich die Türen zu der Zeit noch nicht eingehängt hatte in den Toren,

2 sandte Sanaballat und Gesem zu mir und ließen mir sagen: Komm und laß uns

zusammenkommen in den Dörfern in der Fläche Ono! Sie gedachten mir aber Böses zu tun.

3 Ich aber sandte Boten zu ihnen und ließ ihnen sagen: Ich habe ein großes Geschäft auszurichten, ich kann nicht hinabkommen; es möchte das Werk nachbleiben, wo ich die Hände abtäte und zu euch hinabzöge.

4 Sie sandten aber viermal zu mir auf diese Weise, und ich antwortete ihnen auf diese Weise.

5 Da sandte Saneballat zum fünftenmal zu mir seinen Diener mit einem offenen Brief in seiner Hand.

6 Darin war geschrieben: Es ist vor die Heiden gekommen, und Gesem hat's gesagt, daß du und die Juden gedenkt abzufallen, darum du die Mauer baust, und wollest also König werden;

7 und du habest die Propheten bestellt, die von dir ausrufen sollen zu Jerusalem und sagen: Er ist der König Juda's. Nun, solches wird vor den König kommen. So komm nun und laß uns miteinander ratschlagen!

8 Ich aber sandte zu ihm und ließ ihm

sagen: Solches ist nicht geschehen, was du sagst; du hast es aus deinem Herzen erdacht.

9 Denn sie alle wollen uns furchtsam machen und gedachten: Sie sollen die Hand abtun vom Geschäft, daß es nicht fertig werde, aber nun stärke meine Hände!

10 Und ich kam in das Haus Semajas, des Sohnes Delajas, des Sohnes Mehetabeels; und er hatte sich verschlossen und sprach: Laß uns zusammenkommen im Hause Gottes mitten im Tempel und die Türen zuschließen; denn sie werden kommen, dich zu erwürgen, und werden bei der Nacht kommen, daß sie dich erwürgen.

11 Ich aber sprach: Sollte ein solcher Mann fliehen? Sollte ein solcher Mann, wie ich bin, in den Tempel gehen, daß er lebendig bleibe? Ich will nicht hineingehen.

12 Denn ich merkte, daß ihn Gott nicht gesandt hatte. Denn er sagte wohl Weissagung auf mich; aber Tobia und Saneballat hatten ihm Geld gegeben.

13 Darum nahm er Geld, auf daß ich

mich fürchten sollte und also tun und sündigen, daß sie ein böses Gerücht hätten, damit sie mich lästern möchten.

14 Gedenke, mein Gott, des Tobia und Saneballat nach diesen Werken, auch der Prophetin Noadja und der anderen Propheten, die mich wollten abschrecken!

15 Und die Mauer ward fertig am fünfundzwanzigsten Tage des Monats Elul in zweiundfünfzig Tagen.

16 Und da alle unsre Feinde das hörten, fürchteten sich alle Heiden, die um uns her waren, und der Mut entfiel ihnen; denn sie merkten, daß dies Werk von Gott war.

17 Auch waren zu derselben Zeit viele der Obersten Juda's, deren Briefe gingen zu Tobia und von Tobia zu ihnen.

18 Denn ihrer waren viel in Juda, die ihm geschworen waren; denn er war der Eidam Sechanjas, des Sohnes Arahs, und sein Sohn Johanan hatte die Tochter Mesullams, des Sohnes Berechjas.

19 Und sie sagten Gutes von ihm vor mir und brachten meine Reden aus zu ihm. So sandte denn Tobia Briefe, mich abzuschrecken.

7. Kapitel

Bestellung der Hüter der Stadt.
Volkszählung. Freiwillige Beiträge.

1 Da wir nun die Mauer gebaut hatten, hängte ich die Türen ein und wurden bestellt die Torhüter, Sänger und Leviten.

2 Und ich gebot meinem Bruder Hanani und Hananja, dem Burgvogt zu Jerusalem (denn er war ein treuer Mann und gottesfürchtig vor vielen andern),

3 und sprach zu Ihnen: Man soll die Tore Jerusalem nicht auftun, bis daß die Sonne heiß wird; und wenn man noch auf der Hut steht, soll man die Türen zuschlagen und verriegeln. Und es wurden Hüter bestellt aus den Bürgern Jerusalems, ein jeglicher auf seine Hut seinem Hause gegenüber.

4 Die Stadt aber war weit von Raum und groß, aber wenig Volk darin, und die Häuser wurden nicht gebaut.

5 Und mein Gott gab mir ins Herz, daß ich versammelte die Ratsherren und die Obersten und das Volk, sie zu verzeichnen. Und ich fand das

Geschlechtsregister derer, die vorhin heraufgekommen waren, und fand darin geschrieben:

6 Dies sind die Kinder der Landschaft, die heraufgekommen sind aus der Gefangenschaft, die Nebukadnezar, der König zu Babel, hatte weggeführt, und die wieder gen Jerusalem und nach Juda kamen, ein jeglicher in seine Stadt,

7 und sind gekommen mit Serubabel, Jesua, Nehemia, Asarja, Raamja, Nahamani, Mardochai, Bilsan, Mispereth, Bigevai, Nehum und Baana. Dies ist die Zahl der Männer vom Volk Israel:

8 der Kinder Pareos waren zweitausend einhundert und zweiundsiebzig;

9 der Kinder Sephatja dreihundert und zweiundsiebzig;

10 der Kinder Arah sechshundert und zweiundfünfzig;

11 der Kinder Pahath-Moab von den Kindern Jesua und Joab zweitausend achthundert und achtzehn;

12 der Kinder Elam tausend zweihundert und vierundfünfzig;

13 der Kinder Satthu achthundert und fünfundvierzig;

14 der Kinder Sakkai siebenhundert und sechzig;

15 der Kinder Binnui sechshundert und achtundvierzig;

16 der Kinder Bebai sechshundert und achtundzwanzig;

17 der Kinder Asgad zweitausend dreihundert und zweiundzwanzig;

18 der Kinder Adonikam sechshundert und siebenundsechzig;

19 der Kinder Bigevai zweitausend und siebenundsechzig;

20 der Kinder Adin sechshundert und fünfundfünzig;

21 der Kinder Ater von Hiskia achtundneunzig;

22 der Kinder Hasum dreihundert und achtundzwanzig;

23 der Kinder Bezai dreihundert und vierundzwanzig;

24 der Kinder Hariph hundert und zwölf;

25 der Kinder von Gibeon fünfundneunzig;

26 der Männer von Bethlehem und Netopha hundert und achtundachtzig;

27 der Männer von Anathoth hundert und achtundzwanzig;

28 der Männer von Beth-Asmaveth zweiundvierzig;

29 der Männer von Kirjath-Jearim,
Kaphira und Beeroth siebenhundert und
dreiundvierzig;

30 der Männer von Rama und Geba
sechshundert und einundzwanzig;

31 der Männer von Michmas hundert
und zweiundzwanzig;

32 der Männer von Beth-El und Ai
hundert und dreiundzwanzig;

33 der Männer vom andern Nebo zweiundfünfzig;

34 der Kinder des andern Elam tausend
zweihundert und vierundfünfzig;

35 der Kinder Harim dreihundert und
zwanzig;

36 der Kinder von Jericho dreihundert
und fünfundvierzig;

37 der Kinder von Lod, Hadid und Ono
siebenhundert und einundzwanzig;

38 der Kinder von Seena dreitausend
und neunhundert und dreißig;

39 Die Priester: der Kinder Jedaja, vom
Hause Jesua, neunhundert und
dreiundsiebzig;

40 der Kinder Immer tausend und zwei-

undfünfzig;

41 der Kinder Pashur tausend zweihundert und siebenundvierzig;

42 der Kinder Harim tausend und
siebzehn;

43 Die Leviten: der Kinder Jesua von
Kadmiel, von den Kindern Hodavja,
vierundsiebzig;

44 Die Sänger: der Kinder Asaph
hundert und achtundvierzig;

45 Die Torhüter waren: die Kinder
Sallum, die Kinder Ater, die Kinder
Talmon, die Kinder Akkub, die Kinder
Hatita, die Kinder Sobai, allesamt hundert
und achtunddreißig;

46 Die Tempelknechte: die Kinder Ziha,
die Kinder Hasupha, die Kinder Tabbaoth,

47 die Kinder Keros, die Kinder Sia, die
Kinder Padon,

48 die Kinder Lebana, die Kinder
Hagaba, die Kinder Salmai,

49 die Kinder Hanan, die Kinder Giddel,
die Kinder Gahar,

50 die Kinder Reaja, die Kinder Rezin,
die Kinder Nekoda,

51 die Kinder Gassam, die Kinder Usa,
die Kinder Paseah,

52 die Kinder Besai, die Kinder der Meuniter, die Kinder der Nephusiter,

53 die Kinder Bakbuk, die Kinder Hakupha, die Kinder Harhur,

54 die Kinder Bazlith, die Kinder Mehida, die Kinder Harsa,

55 die Kinder Barkos, die Kinder Sisera, die Kinder Themah,

56 die Kinder Neziah, die Kinder Hatipha.

57 Die Kinder der Knechte Salomos waren: die Kinder Sotai, die Kinder Sophereth, die Kinder Perida,

58 die Kinder Jaala, die Kinder Darkon, die Kinder Giddel,

59 die Kinder Sephatja, die Kinder Hattil, die Kinder Pochereth von Zebaim, die Kinder Amon.

60 Aller Tempelknechte und Kinder der Knechte Salomos waren dreihundert und zweiundneunzig;

61 Und diese zogen auch mit herauf von Thel-Melah, Thel-Harsa, Cherub, Addon und Immer, aber sie konnten nicht anzeigen ihr Vaterhaus noch ihr Geschlecht, ob sie aus Israel wären:

62 die Kinder Delaja, die Kinder Tobia

und die Kinder Nekoda, sechshundert und zweiundvierzig;

63 Und von den Priestern waren die Kinder Habaja, die Kinder Hakkoz, die Kinder Barsillai, der aus den Töchtern Barsillais, des Gileaditers, ein Weib nahm und ward nach ihrem Namen genannt.

64 Diese suchten ihr Geburtsregister; und da sie es nicht fanden, wurden sie untüchtig geachtet zum Priestertum.

65 Und der Landpfleger sprach zu ihnen, sie sollten nicht essen vom Hocheiligen, bis daß ein Priester aufkäme mit dem Licht und Recht.

66 Der ganzen Gemeinde wie ein Mann waren zweiundvierzigtausend und drei-hundertundsechzig,

67 ausgenommen ihre Knechte und Mägde; derer waren siebentausend dreihundert und siebenunddreißig, dazu zweihundert und fünfundvierzig Sänger und Sängerinnen.

68 Und sie hatten siebenhundert und sechsunddreißig Rosse, zweihundert und fünfundvierzig Maultiere,

69 vierhundert und fünfunddreißig Kamele, sechstausend siebenhundert und

zwanzig Esel.

70 Und etliche Obersten der Vaterhäuser gaben zum Werk. Der Landpfleger gab zum Schatz tausend Goldgulden, fünfzig Becken, fünfhundert und dreißig Priesterröcke.

71 Und etliche Obersten der Vaterhäuser gaben zum Schatz fürs Werk zwanzigtausend Goldgulden, zweitausend und zweihundert Pfund Silber.

72 Und das andere Volk gab zwanzigtausend Goldgulden und zweitausend Pfund Silber und siebenundsechzig Priesterröcke.

73 Und die Priester und die Leviten, die Torhüter, die Sänger und die vom Volk und die Tempelknechte und ganz Israel setzten sich in ihre Städte.

8. Kapitel

Großer Eindruck, den die Vorlesung des Gesetzes auf das Volk macht. Feier des Laubhüttenfestes.

1 Da nun herzukam der siebente Monat

und die Kinder Israel in ihren Städten waren, versammelte sich das ganze Volk wie ein Mann auf die breite Gasse vor dem Wassertor und sprachen zu Esra, dem Schriftgelehrten, daß er das Buch des Gesetzes Mose's holte, das der HERR Israel geboten hat.

2 Und Esra, der Priester, brachte das Gesetz vor die Gemeinde, Männer und Weiber und alle, die es vernehmen konnten, am ersten Tage des siebenten Monats

3 und las daraus auf der breiten Gasse, die vor dem Wassertor ist, vom lichten Morgen an bis auf den Mittag, vor Mann und Weib und wer's vernehmen konnte. Und des ganzen Volkes Ohren waren zu dem Gesetz gekehrt.

4 Und Esra, der Schriftgelehrte, stand auf einem hölzernen, hohen Stuhl, den sie gemacht hatten, zu predigen, und standen neben ihm Matthithja, Sema, Anaja, Uria, Hilkia und Maaseja, zu seiner Rechten, aber zu seiner Linken Pedaja, Misael, Malchia, Hasum, Hasbaddana, Sacharja und Mesullam.

5 Und Esra tat das Buch auf vor dem

ganzen Volk, denn er ragte über alles Volk; und da er's auftat, stand alles Volk.

6 Und Esra lobte den HERRN, den großen Gott. Und alles Volk antwortete: Amen, Amen! mit ihren Händen empor und neigten sich und beteten den HERRN an mit dem Antlitz zur Erde.

7 Und Jesua, Bani, Serebja, Jamin, Akkub, Sabthai, Hodia, Maaseja, Kelita, Asarja, Josabad, Hanan, Pelaja und die Leviten machten, daß das Volk aufs Gesetz merkte; und das Volk stand auf seiner Stätte.

8 Und sie lasen im Gesetzbuch Gottes klar und verständlich, daß man verstand, was gelesen ward.

9 Und Nehemia, der da ist der Landpfleger, und Esra, der Priester, der Schriftgelehrte, und die Leviten, die alles Volk aufmerken machten sprachen zum Volk: Dieser Tag ist heilig dem HERRN, eurem Gott; darum seid nicht traurig und weint nicht! Denn alles Volk weinte, da sie die Worte des Gesetzes hörten.

10 Darum sprach er zu ihnen: Geht hin und eßt das Fette und trinkt das Süße und sendet denen auch Teile, die nichts für

sich bereitet haben; denn dieser Tag ist heilig unserm HERRN. Und bekümmert euch nicht; denn die Freude am HERRN ist eure Stärke.

11 Und die Leviten stillten alles Volk und sprachen: Seid still, denn der Tag ist heilig; bekümmert euch nicht!

12 Und alles Volk ging hin, daß es äße, tränke und Teile sendete und eine große Freude machte; denn sie hatten die Worte verstanden, die man hatte kundgetan.

13 Und des andern Tages versammelten sich die Obersten der Vaterhäuser unter dem ganzen Volk und die Priester und Leviten zu Esra, dem Schriftgelehrten, daß er sie in den Worten des Gesetzes unterrichtete.

14 Und sie fanden geschrieben im Gesetz, das der HERR durch Mose geboten hatte, daß die Kinder Israel in Laubhütten wohnen sollten am Fest im siebenten Monat

15 und sollten's lassen laut werden und ausrufen in allen ihren Städten und zu Jerusalem und sagen: Geht hinaus auf die Berge und holt Ölzweige, Myrtenzweige,

Palmenzweige und Zweige von dichten Bäumen, daß man Laubhütten mache, wie es geschrieben steht.

16 Und das Volk ging hinaus und holten und machten sich Laubhütten, ein jeglicher auf seinem Dach und in ihren Höfen und in den Höfen am Hause Gottes und auf der breiten Gasse am Wassertor und auf der breiten Gasse am Tor Ephraim.

17 Und die ganze Gemeinde derer, die aus der Gefangenschaft waren wiedergekommen, machten Laubhütten und wohnten darin. Denn die Kinder Israel hatten seit der Zeit Josuas, des Sohnes Nuns, bis auf diesen Tag nicht also getan; und es war eine große Freude.

18 Und ward im Gesetzbuch Gottes gelesen alle Tage, vom ersten Tag an bis auf den letzten; und sie hielten das Fest sieben Tage und am achten Tage die Versammlung, wie sich's gebührt.

9. Kapitel bis hier

Öffentliche Buße durchs Volk.

1 Am vierundzwanzigsten Tage dieses Monats kamen die Kinder Israel zusammen mit Fasten und Säcken und Erde auf ihnen

[Und am 24. Tag dieses Monats versammelten sich die Söhne Israel unter Fasten und in Sacktuch, und mit Erde auf ihrem Haupt. (1) Am vierundzwanzigsten Tage dieses Monats kamen die Israeliten zu einem Fasten zusammen, in Säcke gehüllt und mit Erde auf ihren Häuptern. (2)]

2 und sonderten den Samen Israels ab von allen fremden Kindern und traten hin und bekannten ihre Sünden und ihrer Väter Missetaten. [Und ⊠alle,⊠ die israelitischer Abstammung waren, sonderten sich ab[2] von allen Söhnen der Fremde. Und sie traten hin und bekannten ihre Sünden und die Verfehlungen ihrer Väter. (3)]

3 Und standen auf an ihrer Stätte, und man las im Gesetzbuch des HERRN, ihres

Gottes, ein Viertel des Tages; und ein Viertel bekannten sie und beteten an den HERRN, ihren Gott.

4 Und auf dem hohen Platz für die Leviten standen auf Jesua, Bani, Kadmiel, Sebanja, Bunni, Serebja, Bani und Chenani und schrieen laut zu dem HERRN, ihrem Gott.

5 Und die Leviten Jesua, Kadmiel, Bani, Hasabneja, Serebja, Hodia, Sebanja, Pethahja sprachen: Auf! Lobet den HERRN, euren Gott, von Ewigkeit zu Ewigkeit, und man lobe den Namen deiner Herrlichkeit, der erhaben ist über allen Preis und Ruhm.

6 HERR, du bist's allein, du hast gemacht den Himmel und aller Himmel Himmel mit allem ihrem Heer, die Erde und alles, was darauf ist, die Meere und alles, was darin ist; du machst alles lebendig, und das himmlische Heer betet dich an.

7 Du bist der HERR, Gott, der du Abram erwählt hast und ihn von Ur in Chaldäa ausgeführt und Abraham genannt

8 und sein Herz treu vor dir gefunden und einen Bund mit ihm gemacht, seinem Samen zu geben das Land der

Kanaaniter, Hethiter, Amoriter, Pheresiter, Jebusiter und Girgasiter; und hast dein Wort gehalten, denn du bist gerecht.

9 Und du hast angesehen das Elend unsrer Väter in Ägypten und ihr Schreien erhört am Schilfmeer

10 und Zeichen und Wunder getan an Pharao und allen seinen Knechten und an allem Volk seines Landes, denn du erkanntest, daß sie stolz wider sie waren, und hast dir einen Namen gemacht, wie er jetzt ist.

11 Und hast das Meer vor ihnen zerrissen, daß sie mitten im Meer trocken hindurchgingen, und ihre Verfolger in die Tiefe geworfen wie Steine in mächtige Wasser

12 und sie geführt des Tages in einer Wolkensäule und des Nachts in einer Feuersäule, ihnen zu leuchten auf dem Weg, den sie zogen.

13 Und bist herabgestiegen auf den Berg Sinai und hast mit ihnen vom Himmel geredet und gegeben ein wahrhaftiges Recht und ein rechtes Gesetz und gute Gebote und Sitten

14 und deinen heiligen Sabbat ihnen

kundgetan und Gebote, Sitten und Gesetz ihnen geboten durch deinen Knecht Mose,

15 und hast ihnen Brot vom Himmel gegeben, da sie hungerte, und Wasser aus dem Felsen lassen gehen, da sie dürstete, und mit ihnen geredet, sie sollten hineingehen und das Land einnehmen, darüber du deine Hand hobst, es ihnen zu geben.

16 Aber unsre Väter wurden stolz und halsstarrig, daß sie deinen Geboten nicht gehorchten,

17 und weigerten sich zu hören und gedachten auch nicht an deine Wunder, die du an ihnen tatest; sondern sie wurden halsstarrig und warfen ihr Haupt auf, daß sie sich zurückwendeten zu Dienstbarkeit in ihrer Ungeduld. Aber du, mein Gott, vergabst und warst gnädig, barmherzig, geduldig und von großer Barmherzigkeit und verließest sie nicht.

18 Und ob sie wohl ein gegossenes Kalb machten und sprachen: Das ist dein Gott, der dich aus Ägyptenland geführt hat! und taten große Lästerungen:

19 doch verließest du sie nicht in der

Wüste nach deiner großen Barmherzigkeit, und die Wolkensäule wich nicht von ihnen des Tages, sie zu führen auf dem Wege, noch die Feuersäule des Nachts, ihnen zu leuchten auf dem Wege, den sie zogen.

20 Und du gabst ihnen einen guten Geist, sie zu unterweisen; und dein Man wandtest du nicht von ihrem Munde, und gabst ihnen Wasser, da sie dürstete.

21 Vierzig Jahre versorgtest du sie in der Wüste, daß ihnen nichts mangelte. Ihre Kleider veralteten nicht und ihre Füße zerschwollen nicht.

22 Und gabst ihnen Königreiche und Völker und teiltest sie hierher und daher, daß sie einnahmen das Land Sihons, des Königs zu Hesbon, und das Land Ogs, des Königs von Basan.

23 Und vermehrtest ihre Kinder wie die Sterne am Himmel und brachtest sie in das Land, das du ihren Vätern verheißen hattest, daß sie einziehen und es einnehmen sollten.

24 Und die Kinder zogen hinein und nahmen das Land ein; und du demütigtest vor ihnen die Einwohner des Landes, die

Kanaaniter, und gabst sie in ihre Hände, ihre Könige und die Völker im Lande, daß sie mit ihnen täten nach ihrem Willen.

25 Und sie gewannen feste Städte und ein fettes Land und nahmen Häuser ein voll allerlei Güter, ausgehauene Brunnen, Weinberge, Ölgärten und Bäume, davon man ißt, die Menge, und sie aßen und wurden satt und fett und lebten in Wonne durch deine große Güte.

26 Aber sie wurden ungehorsam und widerstrebten dir und warfen dein Gesetz hinter sich zurück und erwürgten deine Propheten, die ihnen zeugten, daß sie sollten sich zu dir bekehren, und taten große Lästerungen.

27 Darum gabst du sie in die Hand ihrer Feinde, die sie ängsteten. Und zur Zeit ihrer Angst schrieen sie zu dir; und du erhörtest sie vom Himmel, und durch deine große Barmherzigkeit gabst du ihnen Heilande, die ihnen halfen aus ihrer Feinde Hand.

28 Wenn sie aber zur Ruhe kamen, taten sie wieder übel vor dir. So verließest du sie in ihrer Feinde Hand, daß sie über sie herrschten. So schrieen sie dann wieder

zu dir; und du erhörtest sie vom Himmel und errettetest sie nach deiner großen Barmherzigkeit vielmal.

29 Und du ließest ihnen bezeugen, daß sie sich bekehren sollten zu deinem Gesetz. Aber sie waren stolz und gehorchten deinen Geboten nicht und sündigten an deinen Rechten (durch welche ein Mensch lebt, so er sie tut) und kehrten dir den Rücken zu und wurden halsstarrig und gehorchten nicht.

30 Und du verzogst viele Jahre über ihnen und ließest ihnen bezeugen durch deinen Geist in deinen Propheten; aber sie nahmen es nicht zu Ohren. Darum hast du sie gegeben in die Hand der Völker in den Ländern.

31 Aber nach deiner großen Barmherzigkeit hast du es nicht gar aus mit ihnen gemacht noch sie verlassen; denn du bist ein gnädiger und barmherziger Gott.

32 Nun, unser Gott, du großer Gott, mächtig und schrecklich, der du hältst Bund und Barmherzigkeit, achte nicht gering alle die Mühsal, die uns getroffen hat, unsre Könige, Fürsten, Priester,

Propheten, Väter und dein ganzes Volk von der Zeit an der Könige von Assyrien bis auf diesen Tag.

33 Du bist gerecht in allem, was du über uns gebracht hast; denn du hast recht getan, wir aber sind gottlos gewesen.

34 Und unsre Könige, Fürsten, Priester und Väter haben nicht nach deinem Gesetz getan und auch nicht achtgehabt auf deine Gebote und Zeugnisse, die du hast ihnen lassen bezeugen.

35 Und sie haben dir nicht gedient in ihrem Königreich und in deinen großen Gütern, die du ihnen gabst, und in dem weiten und fetten Lande, das du ihnen dargegeben hast, und haben sich nicht bekehrt von ihrem bösen Wesen.

36 Siehe, wir sind heutigestages Knechte, und in dem Lande, das du unsern Vätern gegeben hast, zu essen seine Früchte und Güter, siehe, da sind wir Knechte.

37 Und sein Ertrag mehrt sich den Königen, die du über uns gesetzt hast um unsrer Sünden willen; und sie herrschen über unsre Leiber und unser Vieh nach ihrem Willen, und wir sind in großer Not.

38 Und in diesem allem machen wir einen festen Bund und schreiben und lassen's unsere Fürsten, Leviten und Priester versiegeln.

10. Kapitel

*Das Volk verpflichtet sich eidlich
zur Beobachtung des Gesetzes.*

1 Die Versiegler aber waren: Nehemia, der Landpfleger, der Sohn Hachaljas, und Zedekia,

2 Seraja, Asarja, Jeremia,

3 Pashur, Amarja, Malchia,

4 Hattus, Sebanja, Malluch,

5 Harim, Meremoth, Obadja,

6 Daniel, Ginthon, Baruch,

7 Mesullam, Abia, Mijamin,

8 Maasja, Bilgai und Semaja, das waren die Priester;

9 die Leviten aber waren: Jesua, der Sohn Asanjas, Binnui von den Kindern Henadads, Kadmiel

10 und ihre Brüder: Sechanja, Hodia, Kelita, Pelaja, Hanan,

11 Micha, Rehob, Hasabja,

12 Sakkur, Serebja, Sebanja,

13 Hodia, Bani und Beninu;

14 die Häupter im Volk waren: Pareos, Pahath-Moab, Elam, Satthu, Bani,

15 Bunni, Asgad, Bebai,

16 Adonia, Bigevai, Adin,

17 Ater, Hiskia, Assur,

18 Hodia, Hasum, Bezai,

19 Hariph, Anathoth, Nobai,

20 Magpias, Mesullam, Hesir,

21 Mesesabeel, Zadok, Jaddua,

22 Pelatja, Hanan, Anaja,

23 Hosea, Hananja, Hassub,

24 Halohes, Pilha, Sobek,

25 Rehum, Hasabna, Maaseja,

26 Ahia, Hanan, Anan,

27 Malluch, Harim und Baana.

28 Und das andere Volk, Priester, Leviten, Torhüter, Sänger, Tempel-knechte und alle, die sich von den Völker in den Landen abgesondert hatten zum Gesetz Gottes, samt ihren Weibern, Söhnen und Töchtern, alle, die es verstehen konnten,

29 hielten sich zu ihren Brüdern, den Mächtigen, und kamen, daß sie schwuren

und sich mit einem Eide verpflichteten, zu wandeln im Gesetz Gottes, das durch Mose, den Knecht Gottes, gegeben ist, daß sie es hielten und tun wollten nach allen Geboten, Rechten und Sitten des HERRN, unsers Herrschers;

30 und daß wir den Völkern im Lande unsere Töchter nicht geben noch ihre Töchter unsern Söhnen nehmen wollten;

31 auch wenn die Völker im Lande am Sabbattage bringen Ware und allerlei Getreide zu verkaufen, daß wir nichts von ihnen nehmen wollten am Sabbat und den Heiligen Tagen; und daß wir das siebente Jahr von aller Hand Beschwerung freilassen wollten.

32 Und wir legten ein Gebot auf uns, daß wir jährlich einen dritten Teil eines Silberlings gäben zum Dienst im Hause unsers Gottes,

33 nämlich zu Schaubrot, zu täglichem Speisopfer, zum täglichen Brandopfer, zum Opfer des Sabbats, der Neumonde und Festtage und zu dem Geheiligten und zum Sündopfer, damit Israel versöhnt werde, und zu allem Geschäft im Hause unsers Gottes.

34 Und wir warfen das Los unter den Priestern, Leviten und dem Volk um das Opfer des Holzes, das man zum Hause unsers Gottes bringen sollte jährlich nach unsern Vaterhäusern auf bestimmte Zeit, zu brennen auf dem Altar des HERRN, unsers Gottes, wie es im Gesetz geschrieben steht.

35 Und wir wollen jährlich bringen die Erstlinge unsers Landes und die Erstlinge aller Früchte auf allen Bäumen zum Hause des HERRN;

36 und die Erstlinge unsrer Söhne und unsres Viehs, wie es im Gesetz geschrieben steht, und die Erstlinge unsrer Rinder und unsrer Schafe wollen wir zum Hause unsres Gottes bringen den Priestern, die im Hause unsres Gottes dienen.

37 Auch wollen wir bringen das Erste unsres Teiges und unsre Hebopfer und Früchte von allerlei Bäumen, Most und Öl den Priestern in die Kammern am Hause unsres Gottes und den Zehnten unsres Landes den Leviten, daß die Leviten den Zehnten haben in allen Städten unsres Ackerwerks.

38 Und der Priester, der Sohn Aarons, soll mit den Leviten sein, wenn sie den Zehnten nehmen, daß die Leviten den Zehnten ihrer Zehnten heraufbringen zum Hause unsres Gottes in die Kammern im Vorratshause.

39 Denn die Kinder Israel und die Kinder Levi sollen die Hebe des Getreides, Mosts und Öls herauf in die Kammern bringen. Daselbst sind die Gefäße des Heiligtums und die Priester, die da dienen, und die Torhüter und Sänger. So wollen wir das Haus unsres Gottes nicht verlassen.

11. Kapitel

*Verzeichnis der neuen Einwohner
in der Stadt und auf dem Lande.*

1 Und die Obersten des Volks wohnten zu Jerusalem. Das andere Volk aber warf das Los darum, daß unter zehn ein Teil gen Jerusalem, in die heilige Stadt, zöge zu wohnen, und neun Teile in den Städten wohnten.

2 Und das Volk segnete alle die Männer, die willig waren, zu Jerusalem zu wohnen.

3 Dies sind die Häupter in der Landschaft, die zu Jerusalem und in den Städten Juda's wohnten. (Sie wohnten aber ein jeglicher in seinem Gut, das in ihren Städten war: nämlich Israel, Priester, Leviten, Tempelknechte und die Kinder der Knechte Salomos.)

4 Und zu Jerusalem wohnten etliche der Kinder Juda und Benjamin. Von den Kindern Juda: Athaja, der Sohn Usias, des Sohnes Sacharjas, des Sohnes Amarjas, des Sohnes Sephatjas, des Sohnes Mahalaleels, aus den Kindern Perez,

5 und Maaseja, der Sohn Baruchs, des Sohnes Chol-Hoses, des Sohnes Hasajas, des Sohnes Adajas, des Sohnes Jojaribs, des Sohnes Sacharjas, des Sohnes des Selaniters.

6 Aller Kinder Perez, die zu Jerusalem wohnten, waren vierhundert und achtundsechzig, tüchtige Leute.

7 Dies sind die Kinder Benjamin: Sallu, der Sohn Mesullams, des Sohnes Joeds, des Sohnes Pedajas, des Sohnes Kolajas, des Sohnes Maasejas, des Sohnes Ithiels,

des Sohnes Jesaja's,

8 und nach ihm Gabbai, Sallai, neunhundert und achtundzwanzig;

9 und Joel, der Sohn Sichris, war ihr Vorsteher, und Juda, der Sohn Hasnuas, über den andern Teil der Stadt.

10 Von den Priestern wohnten daselbst Jedaja, der Sohn Jojaribs, Jachin,

11 Seraja, der Sohn Hilkias, des Sohnes Mesullams, des Sohnes Zadoks, des Sohnes Merajoths, des Sohnes Ahitobs, ein Fürst im Hause Gottes,

12 und ihre Brüder, die im Hause schafften, derer waren achthundert und zweiundzwanzig; und Adaja, der Sohn Jerohams, des Sohnes Pelaljas, des Sohnes Amzis, des Sohnes Sacharjas, des Sohnes Pashurs, des Sohnes Malchias,

13 und seine Brüder, Oberste der Vaterhäuser, zweihundert und zweiundvierzig; und Amassai, der Sohn Asareels, des Sohnes Ahsais, des Sohnes Mesillemoths, des Sohnes Immers,

14 und ihre Brüder, gewaltige Männer, hundert und achtundzwanzig; und ihr Vorsteher war Sabdiel, der Sohn Gedolims.

15 Von den Leviten: Semaja, der Sohn Hassubs, des Sohnes Asrikams, des Sohnes Hasabjas, des Sohnes Bunnis,

16 und Sabthai und Josabad, aus der Leviten Obersten, an den äußerlichen Geschäften im Hause Gottes,

17 und Matthanja, der Sohn Michas, des Sohnes Sabdis, des Sohnes Asaphs, der das Haupt war, Dank anzuheben zum Gebet, und Bakbukja, der andere unter seinen Brüdern, und Abda, der Sohn Sammuas, des Sohnes Galals, des Sohnes Jedithuns.

18 Alle Leviten in der heiligen Stadt waren zweihundert und vierundachtzig.

19 Und die Torhüter: Akkub und Talmon und ihre Brüder, die in den Toren hüteten, waren hundert und zweiundsiebzig.

20 Das andere Israel aber, Priester und Leviten, waren in allen Städten Juda's, ein jeglicher in seinem Erbteil.

21 Und die Tempelknechte wohnten am Ophel; und Ziha und Gispa waren über die Tempelknechte.

22 Der Vorsteher aber über die Leviten zu Jerusalem war Usi, der Sohn Banis, des

Sohnes Hasabjas, des Sohnes Matthanjas, des Sohnes Michas, aus den Kindern Asaphs, den Sängern, für das Geschäft im Hause Gottes.

23 Denn es war des Königs Gebot über sie, daß man den Sängern treulich gäbe, einen jeglichen Tag seine Gebühr.

24 Und Pethahja, der Sohn Mesesabeels, aus den Kindern Serahs, des Sohnes Juda's, war zu Handen des Königs in allen Geschäften an das Volk.

25 Und der Kinder Juda, die außen auf den Dörfern auf ihrem Lande waren, wohnten etliche zu Kirjath-Arba und seinen Ortschaften und zu Dibon und seinen Ortschaften und zu Kabzeel und seinen Ortschaften

26 und zu Jesua, Molada, Beth-Pelet,

27 Hazar-Sual, Beer-Seba und ihren Ortschaften

28 und zu Ziklag und Mechona und ihren Ortschaften

29 und zu En-Rimmon, Zora, Jarmuth,

30 Sanoah, Adullam und ihren Dörfern, zu Lachis und auf seinem Felde, zu Aseka und seinen Ortschaften. Und sie lagerten sich von Beer-Seba an bis an das Tal

Hinnom.

31 Die Kinder Benjamin aber wohnten von Geba an zu Michmas, Aja, Beth-El und seinen Ortschaften

32 und zu Anathoth, Nob, Ananja,

33 Hazor, Rama, Gitthaim,

34 Hadid, Zeboim, Neballat,

35 Lod und Ono im Tal der Zimmerleute.

36 Und etliche Leviten, die Teile in Juda hatten, wohnten unter Benjamin.

12. Kapitel

Namen der Priester und Leviten. Einweihung der Stadtmauer. Verordnete Aufseher über die Gaben für den Tempel.

1 Dies sind die Priester und die Leviten, die mit Serubabel, dem Sohn Sealthiels, und mit Jesua heraufzogen: Seraja, Jeremia, Esra,

2 Amarja, Malluch, Hattus,

3 Sechanja, Rehum, Meremoth,

4 Iddo, Ginthoi, Abia,

5 Mijamin, Maadja, Bilga,

6 Semaja, Jojarib, Jedaja,

7 Sallu, Amok, Hilkia und Jedaja. Dies

waren die Häupter unter den Priestern und ihren Brüdern zu den Zeiten Jesuas.

8 Die Leviten aber waren diese: Jesua, Binnui, Kadmiel, Serebja, Juda und Matthanja, der hatte das Dankamt mit seinen Brüdern;

9 Bakbukja und Unni, ihre Brüder, waren ihnen gegenüber zum Dienst.

10 Jesua zeugte Jojakim, Jojakim zeugte Eljasib, Eljasib zeugte Jojada,

11 Jojada zeugte Jonathan, Jonathan zeugte Jaddua.

12 Und zu den Zeiten Jojakims waren diese Oberste der Vaterhäuser unter den Priestern: nämlich von Seraja war Meraja, von Jeremia war Hananja,

13 von Esra war Mesullam, von Amarja war Johanan,

14 von Malluch war Jonathan, von Sebanja war Joseph,

15 von Harim war Adna, von Merajoth war Helkai,

16 von Iddo war Sacharja, von Ginthon war Mesullam,

17 von Abia war Sichri, von Minjamin-Moadja war Piltai,

18 von Bilga war Sammua, von Semaja

war Jonathan,

19 von Jojarib war Matthnai, von Jedaja war Usi,

20 von Sallai war Kallai, von Amok war Eber,

21 von Hilkia war Hasabja, von Jedaja war Nathanael.

22 Und zu den Zeiten Eljasibs, Jojadas, Johanans und Jadduas wurden die Obersten der Vaterhäuser unter den Leviten aufgeschrieben und die Priester, unter dem Königreich des Darius, des Persers.

23 Es wurden aber die Kinder Levi, die Obersten der Vaterhäuser, auf- geschrieben in der Chronik bis zur Zeit Johanans, des Sohnes Eljasibs.

24 Und dies waren die Obersten unter den Leviten: Hasabja, Serebja und Jesua, der Sohn Kadmiels; und ihre Brüder neben ihnen, verordnet, zu loben und zu danken, wie es David, der Mann Gottes, geboten hatte, eine Ordnung um die andere,

25 waren Matthanja, Bakbukja, Obadja. Aber Mesullam, Talmon und Akkub, die Torhüter, hatten die Hut an den

Vorratskammern der Tore.

26 Diese waren zu den Zeiten Jojakims, des Sohnes Jesuas, des Sohnes Jozadaks, und zu den Zeiten Nehemias, des Landpflegers, und des Priesters Esra, des Schriftgelehrten.

27 Und bei der Einweihung der Mauer zu Jerusalem suchte man die Leviten aus allen ihren Orten, daß man sie gen Jerusalem brächte, zu halten Einweihung in Freuden, mit Danken, mit Singen, mit Zimbeln, Psalter und Harfen.

28 Und es versammelten sich die Kinder der Sänger von der Gegend um Jerusalem her und von den Höfen der Netophathiter

29 und von Beth-Gilgal und von den Äckern zu Geba und Asmaveth; denn die Sänger hatten sich Höfe gebaut um Jerusalem her.

30 Und die Priester und Leviten reinigten sich und reinigten das Volk, die Tore und die Mauer.

31 Und ich ließ die Fürsten Juda's oben auf die Mauer steigen und bestellte zwei große Dankchöre. Die einen gingen hin zur Rechten oben auf der Mauer zum

Misttor hin,

32 und ihnen ging nach Hosaja und die Hälfte der Fürsten Juda's

33 und Asarja, Esra, Mesullam,

34 Juda, Benjamin, Semaja und Jeremia

35 und etliche der Priester-Kinder mit Drommeten, dazu Sacharja, der Sohn Jonathans, des Sohnes Semajas, des Sohnes Matthanjas, des Sohnes Michajas, des Sohnes Sakkurs, des Sohnes Asaphs,

36 und seine Brüder: Semaja, Asareel, Milalai, Gilalai, Maai, Nathanael und Juda, Hanani, mit den Saitenspielen Davids, des Mannes Gottes, Esra aber, der Schriftgelehrte, vor ihnen her.

37 Und zogen zum Brunnentor hin und gingen stracks vor sich auf den Stufen zur Stadt Davids, die Mauer hinauf zu dem Hause Davids hinan und bis an das Wassertor gegen Morgen.

38 Der andere Dankchor ging ihnen gegenüber, und ich ihm nach und die Hälfte des Volks, oben auf der Mauer zum Ofenturm hinan und bis an die breite Mauer

39 und zum Tor Ephraim hinan und zum alten Tor und zum Fischtor und zum Turm

Hananeel und zum Turm Mea bis an das Schaftor, und blieben stehen im Kerkertor.

40 Und standen also die zwei Dankchöre am Hause Gottes, und ich und die Hälfte der Obersten mit mir,

41 und die Priester, nämlich Eljakim, Maaseja, Minjamin, Michaja, Eljoenai, Sacharja, Hananja mit Drommeten,

42 und Maaseja, Semaja, Eleasar, Usi, Johanan, Malchia, Elam und Eser. Und die Sänger sangen laut, und Jisrahja war der Vorsteher.

43 Und es wurden desselben Tages große Opfer geopfert, und sie waren fröhlich; denn Gott hatte ihnen eine große Freude gemacht, daß sich auch die Weiber und Kinder freuten, und man hörte die Freude Jerusalems ferne.

44 Zu der Zeit wurden verordnet Männer über die Vorratskammern, darin die Heben, Erstlinge und Zehnten waren, daß sie sammeln sollten von den Äckern um die Städte her, auszuteilen nach dem Gesetz für die Priester und Leviten; denn Juda hatte eine Freude an den Priestern und Leviten, daß sie standen

45 und warteten des Dienstes ihres Gottes und des Dienstes der Reinigung. Und die Sänger und Torhüter standen nach dem Gebot Davids und seines Sohnes Salomo;

46 denn vormals, zu den Zeiten Davids und Asaphs, wurden gestiftet die obersten Sänger und Loblieder und Dank zu Gott.

47 Aber ganz Israel gab den Sängern und Torhütern Teile zu den Zeiten Serubabels und Nehemias, einen jeglichen Tag sein Teil; und sie gaben Geheiligtes für die Leviten, die Leviten aber gaben Geheiligtes für die Kinder Aaron.

13. Kapitel

Nehemia stellt mit großem Eifer verschiedene Mißbräuche ab.

1 Und es ward zu der Zeit gelesen das Buch Mose vor den Ohren des Volks und ward gefunden darin geschrieben, daß die Ammoniter und Moabiter sollen

nimmermehr in die Gemeinde Gottes kommen,

2 darum daß sie den Kindern Israel nicht entgegenkamen mit Brot und Wasser und dingten sie wider Bileam, daß er sie verfluchen sollte; aber unser Gott wandte den Fluch in einen Segen.

3 Da sie nun dies Gesetz hörten, schieden sie alle Fremdlinge von Israel.

4 Und vor dem hatte der Priester Eljasib, der gesetzt war über die Kammern am Hause unsres Gottes, ein Verwandter des Tobia, demselben eine große Kammer gemacht;

5 und dahin hatten sie zuvor gelegt Speisopfer, Weihrauch, Geräte und die Zehnten vom Getreide, Most und Öl, die Gebühr der Leviten, Sänger und Torhüter, dazu die Hebe der Priester.

6 Aber bei diesem allem war ich nicht zu Jerusalem; denn im zweiunddreißigsten Jahr Arthahsasthas, des Königs zu Babel, kam ich zum König, und nach etlicher Zeit erwarb ich vom König,

7 daß ich gen Jerusalem zog. Und ich merkte, daß nicht gut war, was Eljasib an Tobia getan hatte, da er sich eine

Kammer machte im Hofe am Hause Gottes;

8 und es verdroß mich sehr, und ich warf alle Geräte vom Hause hinaus vor die Kammer

9 und hieß, daß sie die Kammern reinigten; und ich brachte wieder dahin das Gerät des Hauses Gottes, das Speisopfer und den Weihrauch.

10 Und ich erfuhr, daß der Leviten Teile ihnen nicht gegeben waren, derhalben die Leviten und die Sänger, die das Geschäft des Amts ausrichten sollten, geflohen waren, ein jeglicher zu seinem Acker.

11 Da schalt ich die Obersten und sprach: Warum ist das Haus Gottes verlassen? Aber ich versammelte sie und stellte sie an ihre Stätte.

12 Da brachte ganz Juda den Zehnten vom Getreide, Most und Öl zum Vorrat.

13 Und ich setzte über die Vorräte Selemja, den Priester, und Zadok, den Schriftgelehrten, und aus den Leviten Pedaja und ihnen zur Hand Hanan, den Sohn Sakkurs, des Sohnes Matthanjas; denn sie wurden für treu gehalten, und

ihnen ward befohlen, ihren Brüdern auszuteilen.

14 Gedenke, mein Gott, mir daran und tilge nicht aus meine Barmherzigkeit, die ich an meines Gottes Hause und an seinem Dienst getan habe!

15 Zur selben Zeit sah ich in Juda Kelter treten am Sabbat und Garben hereinbringen und Esel, beladen mit Wein, Trauben, Feigen und allerlei Last, gen Jerusalem bringen am Sabbattag. Und ich zeugte wider sie des Tages, da sie die Nahrung verkauften.

16 Es wohnten auch Tyrer darin; die brachten Fische und allerlei Ware und verkauften's am Sabbat den Kinder Juda's in Jerusalem.

17 Da schalt ich die Obersten in Juda und sprach zu ihnen: Was ist das für ein böses Ding, das ihr tut, und brecht den Sabbattag?

18 Taten nicht eure Väter also, und unser Gott führte all dies Unglück über uns und über diese Stadt? Und ihr macht des Zorns über Israel noch mehr, daß ihr den Sabbat brecht!

19 Und da es in den Toren zu Jerusalem dunkel ward vor dem Sabbat, hieß ich die Türen zuschließen und befahl, man sollte sie nicht auftun bis nach dem Sabbat. Und ich bestellte meiner Leute etliche an die Tore, daß man keine Last hereinbrächte am Sabbattage.

20 Da blieben die Krämer und Verkäufer mit allerlei Ware über Nacht draußen vor Jerusalem, ein Mal oder zwei.

21 Da zeugte ich wider sie und sprach zu ihnen: Warum bleibt ihr über Nacht um die Mauer? Werdet ihr's noch einmal tun, so will ich Hand an euch legen. Von der Zeit an kamen sie des Sabbats nicht.

22 Und ich sprach zu den Leviten, daß sie sich reinigten und kämen und hüteten die Tore, zu heiligen den Sabbattag. Mein Gott, gedenke mir des auch und schone mein nach deiner großen Barmherzigkeit.

23 Ich sah auch zu der Zeit Juden, die Weiber genommen hatten von Asdod, Ammon und Moab.

24 Und ihre Kinder redeten die Hälfte asdodisch und konnten nicht jüdisch reden, sondern nach der Sprache eines jeglichen Volks.

25 Und ich schalt sie und fluchte ihnen und schlug etliche Männer und raufte sie und nahm einen Eid von ihnen bei Gott: Ihr sollt eure Töchter nicht geben ihren Söhnen noch ihre Töchter nehmen euren Söhnen oder euch selbst.

26 Hat nicht Salomo, der König Israels, daran gesündigt? Und war doch in vielen Heiden kein König ihm gleich, und er war seinem Gott lieb, und Gott setzte ihn zum König über ganz Israel; dennoch machten ihn die ausländischen Weiber sündigen.

27 Und von euch muß man das hören, daß ihr solches Übel tut, euch an unserm Gott zu vergreifen und ausländische Weiber zu nehmen?

28 Und einer aus den Kindern Jojadas, des Sohnes Eljasibs, des Hohenpriesters, war Saneballats, des Horoniters, Eidam; aber ich jagte ihn von mir.

29 Gedenke an sie, mein Gott, daß sie das Priestertum befleckt haben und den Bund des Priestertums und der Leviten!

30 Also reinigte ich sie von allem Ausländischen und bestellte den Dienst der Priester und Leviten, einen jeglichen zu seinem Geschäft,

31 und für die Opfergaben an Holz zu bestimmten Zeiten und für die Erstlinge. Gedenke meiner, mein Gott, im Besten!

Anhang und Register